LE STATUT FORESTIER

ÉTUDE

SUR LES CONDITIONS D'OBTENTION

DU

DROIT AU TARIF RÉDUIT

SUR LES CHEMINS DE FER

PAR

MARCEL RAUX

GARDE GÉNÉRAL DES EAUX ET FORÊTS

PARIS

LUCIEN LAVEUR, ÉDITEUR

13, RUE DES SAINTS-PÈRES (VIe)

1911

LE STATUT FORESTIER

ÉTUDE
SUR LES CONDITIONS D'OBTENTION
DU

DROIT AU TARIF RÉDUIT
SUR LES CHEMINS DE FER

PAR

MARCEL RAUX
GARDE GÉNÉRAL DES EAUX ET FORÊTS

PARIS
LUCIEN LAVEUR, ÉDITEUR
13, RUE DES SAINTS-PÈRES (VIe)

1911

ÉTUDE

SUR LES CONDITIONS D'OBTENTION

DU DROIT AU TARIF RÉDUIT

SUR LES CHEMINS DE FER

M. le conseiller Douarche, dans son rapport à la Cour de cassation sur l'affaire du lieutenant Manceau (1), officier en congé de trois ans (2), dit : « L'article 54 du cahier des charges des « Compagnies d'où dérivent les réductions du tarif dont bénéfi- « cient les militaires et marins est ainsi conçu : *Les militaires ou marins, voyageant en corps, aussi bien que les militaires ou marins voyageant isolément pour cause de service, envoyés en congé limité ou en permission ou rentrant dans leurs foyers après libération, ne seront assujettis, eux, leurs chevaux et leurs bagages qu'au quart de la taxe fixée par le présent cahier des charges.* L'obligation imposée aux Compagnies de chemins de « fer de transporter à prix réduit est une obligation onéreuse, « surtout quand la réduction est des 3/4. Elle n'a de raison d'être « qu'autant que le militaire, marin ou assimilé, fait effectivement « partie de l'armée, rend des services militaires, est retenu dans

(1) Arrêt de la Chambre criminelle de la Cour de cassation du 8 nov. 1907 (Recueil de Sirey, 07, 1, 470).

(2) Position nouvelle créée par l'art. 64 de la loi de finances du 30 mars 1902. Le lieutenant Manceau prétendait avoir droit dans cette position au quart de place.

« les liens de la discipline militaire (1). Aussi cette obligation « cesse lorsque les militaires ou marins sont mis à la retraite, en « réforme, en non-activité (2), en disponibilité. » Et plus loin, il « ajoute : « *En matière de tarifs de règlements de chemins de* « *fer, tout est de droit strict.* » C'est là un principe fondamental qu'il ne faut pas perdre de vue dans cette question. Le Conseil d'Etat l'avait déjà posé dans son arrêt du 5 mars 1880 (3). « Con- « sidérant, dit-il, qu'à défaut d'un traité particulier passé par « l'Etat avec la Compagnie du Midi il ne saurait appartenir au « Ministre des Travaux Publics d'imposer à cette Compagnie des « obligations plus étendues que celles qui dérivent de l'article 54 « du cahier des charges. »

A quelques jours de distance, M. le commissaire du Gouvernement Teissier s'exprimait ainsi devant le Conseil d'Etat, dans l'affaire de l'officier d'administration Poirier, officier en congé de trois ans, qui lui aussi revendiquait le droit au quart de place : « Il suffit de lire l'article 54 du cahier des charges « des concessions de chemins de fer pour se convaincre qu'on ne « se préoccupe nullement de l'intérêt des militaires admis au « tarif réduit, mais bien uniquement de l'intérêt exclusif de l'ar- « mée, et si quelque doute pouvait subsister dans l'esprit à la « lecture de ce texte, sa portée serait tout de suite précisée par « la rubrique même du titre sous lequel il figure et qui est la « suivante : *stipulation au profit de divers services publics.* » Et le Conseil d'Etat, adoptant les vues de M. le commissaire du

(1) Le conseiller rapporteur n'entend pas dire par là que le bénéficiaire est soumis à la juridiction des conseils de guerre, mais bien qu'il est retenu dans sa profession par des liens assez étroits pour l'empêcher de se livrer en même temps à une autre profession. L'officier en congé de 3 ans rentre, en somme, dans la vie civile.

(2) Cependant, par mesure gracieuse, les Compagnies de chemins de fer ont consenti à ce que les officiers *en non-activité* fussent inscrits au tableau A. Ils ne reçoivent pas de cartes d'identité (arrêté min. du 9 mai 1903, art. 4). Les Compagnies ont estimé que ces officiers devant faire une demande à l'autorité militaire pour changer de résidence, leurs déplacements sont par suite peu fréquents et la charge qui en résulte peu onéreuse pour elles.

(3) Dalloz périodique, 80, 3, 110.

Gouvernement, déclare (15 nov. 1907) (1) : « Considérant qu'en « vertu des cahiers des charges des Compagnies de chemins de « fer, et notamment de leur article 54, la réduction de tarif stipu- « lée en faveur des militaires ou marins voyageant en corps ou « isolément n'a pas été consentie dans l'intérêt personnel de « ces derniers, mais dans l'intérêt du service auquel ils sont « affectés. »

Il résulte de ces diverses considérations que les fonctionnaires qui prétendent jouir du quart de place doivent justifier d'un service militaire non occasionnel et prouver qu'ils concourent d'une façon permanente à la défense du Pays. Mais alors tous ceux qui dépendent, à un titre quelconque, des départements militaires ne devraient-ils pas jouir de ce bénéfice? En aucune façon. La jurisprudence, se basant sur cette seconde conclusion, à savoir que l'interprétation de l'article 54 doit être entièrement stricte, a dû rechercher si, même parmi les fonctionnaires attachés aux départements militaires, tous justifiaient bien de leur qualité de *militaires* par une collaboration directe, étroite et effective à la défense du Pays.

Remarquons que le sens du mot *militaire* est ici global. Il faut entendre par ce mot, non seulement les individus qui appartiennent aux armées de terre et de mer d'après les lois sur le Recrutement (arrêté du Conseil de préfecture de la Seine du 8 mars 1880) (2), mais encore un ensemble très nombreux d'individus, hommes et même femmes, que l'on désigne sous le terme assez vague d' « assimilés ». Ce mot possède, en l'espèce, une valeur toute autre que celle qu'il revêt dans certains statuts même civils, où il évoque une correspondance de grade au point de vue soit du taux des retraites, soit de la composition des conseils d'enquête ou de discipline, soit de la solde, soit du droit au commandement, soit du rang, soit de la juridiction des conseils de guerre (3), etc. Le mot « militaire » renfermant ici une catégorie

(1) S., 08, 3, 68.
(2) D. P., 81, 3, 12.
(3) Et nous ajouterons : pour nous forestiers, *soit de l'emploi militaire*. Rap-

bien définie d'individus et une autre qui ne l'est pas, présente donc un sens collectif et imprécis dans une question où cependant tout doit être de droit strict. Où faut-il, dès lors, s'arrêter dans cette assimilation d'un nouveau genre? Quel est le critérium qui nous dira que tel personnel, en dehors de celui qui fait partie des cadres constitutifs des armées de terre et de mer, est « militaire » au point de vue de l'application du tarif réduit sur les chemins de fer et que tel autre ne l'est pas ?

Cette question, si elle n'a pas occasionné une très nombreuse jurisprudence, a donné cependant naissance à des variations d'appréciation qu'il est intéressant de signaler.

L'incertitude a surtout régné au sujet des personnels dits « non-officiers » qui sont particulièrement nombreux dans le département de la Marine. Ces fonctionnaires, d'ordre subalterne, ne peuvent, à l'encontre des bénéficiaires de la loi du 19 mai 1834,

pelons que c'est cet emploi obligatoire dans les grades subalternes qui milite en faveur de l'obtention d'un statut basé sur la loi du 19 mai 1834. Nous sommes des Officiers combattants ayant doit au commandement (circ. n°438) (à l'inverse des Officiers d'administration, des Médecins militaires, etc.), c'est à-dire des Officiers *qui n'ont un grade militaire que pour remplir un commandement militaire*. La position hors cadres, c'est-à-dire sans emploi, qui existe pour les Officiers de complément, n'a comme équivalentes, dans les corps d'Officiers, que la disponibilité (Officiers Généraux seulement) et la non-activité. La non-activité militaire entraînerait la non-activité forestière, l'Agent forestier devenant, grâce à son statut basé sur la loi de 1834, un Officier, alors qu'actuellement avec l'apparence de l'Officier, il est Agent civil et Officier de complément. Or deux tiers des Inspecteurs et tous les Conservateurs sont actuellement hors cadres, c'est-à-dire sans emploi militaire ; c'est donc que le Ministère de la Guerre estime ne pas avoir besoin de leurs services ; leur correspondance de grade semble alors inutile. Par suite, seuls les Agents subalternes et les Inspecteurs de 3e et de 2e classe qui auraient les quatre galons recevraient une correspondance de grade.

Tous les autres Agents jouiraient de l'état d'Officier, mais sans correspondance de grade (Ingénieurs des Poudres et Salpêtres, Contrôleurs de l'armée, Inspecteurs des Colonies, etc.). Une correspondance de grade serait instituée pour régler leurs tarifs de retraite : par exemple, les Inspecteurs principaux (titre usité dans les Douanes), qui sont les Inspecteurs de 1re classe actuels, pourraient être, dans ce but seulement, assimilés aux Lieutenants-Colonels, les Conservateurs de 4e, 3e et 2e classes aux Colonels, les Conservateurs de 1re classe aux Généraux de brigade, les Inspecteurs Généraux aux Généraux de division. Les Agents supérieurs retrouveraient donc leur indépendance et jouiraient cependant de tous les avantages conférés par l'état d'Officier.

dénommés officiers, revendiquer un statut légal collectif, autrement dit un état unique et commun à eux tous, puisque seul le personnel « officiers » possède la propriété de son grade et que la loi de 1834 a eu précisément pour but de la leur conférer. Ce personnel non-officier remplit simplement des fonctions dans lesquelles le grade et l'emploi se confondent en pratique.

Les Compagnies de chemins de fer avaient d'abord cherché à poser en principe que ceux-là seuls étaient assimilés aux militaires au point de vue du tarif réduit qui, s'ils étaient décorés de la Légion d'honneur, étaient admis à bénéficier du traitement des légionnaires (1). Par exemple, les écrivains de la Marine profiteraient du prix réduit par la raison que, conformément à une décision du Conseil d'Etat, lorsqu'ils reçoivent la décoration de la Légion d'honneur, ils ont droit au traitement des légionnaires (Conseil d'Etat, 24 mai 1854) (2). Ce critérium fut repoussé par le Conseil de préfecture de la Seine, et le Ministre des Travaux Publics, dans des arrêtés des 31 décembre 1853 et 25 avril 1863 (3), décida d'établir au moyen de tableaux A, B, C, annexés à ces arrêtés, la liste très nombreuse des militaires, marins et assimilés qui, à son avis, devaient être admis à bénéficier du quart de place. Une entente préalable était intervenue entre l'Administration et les Compagnies d'après laquelle *étaient considérés comme assimilés tous les justiciables des conseils de guerre* (4). Cet arrêté

(1) Or, « il ne suffit pas, dit Dalloz (*Jurisprudence générale*, Ordres civils et militaires, § 218), à un fonctionnaire d'être assimilé aux militaires pour avoir droit, en cas de nomination dans la Légion d'honneur, au traitement attaché à cette distinction, il faut encore que les services rendus soient eux-mêmes assimilés à des services *militaires* ». Une disposition formelle insérée dans le statut d'un corps met fin à cet égard à toute discussion. Ainsi, le décret du 7 octobre 1902, qui a conféré aux Administrateurs de l'Inscription maritime l'état d'officiers sans correspondance de grade, dit, dans son article 16 : « Les fonctionnaires du corps des Administrateurs de l'Inscription maritime, membres de la Légion d'honneur, jouissent du traitement attaché au grade dont ils sont pourvus. »

(2) Dalloz, Voirie par chemin de fer, § 356.

(3) Tous les arrêtés avec leurs états sont insérés dans le Recueil dit Potiquet, que l'on trouve dans les bureaux des Ingénieurs des Ponts et Chaussées.

(4) Pour qu'un personnel d'officiers qui n'a pas été compris sur la liste limitative inscrite aux articles 24 et 26 de la loi du 19 mai 1834 énumérant ceux

de 1863 n'était évidemment qu'un acte de pure administration qui ne pouvait être opposé aux Compagnies ; aussi celles-ci ont-elles pu, sans qu'aucune fin de non-recevoir leur fût opposable, contester le principe posé par cet arrêté (1). Des contestations s'élevèrent donc au sujet de la légalité de beaucoup des inscriptions figurant sur ces tableaux, et un arrêté du Conseil de préfecture de la Seine du 8 mars 1864 décida que non seulement les militaires proprement dits sont visés par l'article 54 du cahier des charges, mais encore tous ceux qui, à raison de leurs fonctions ou de la profession qu'ils exercent, doivent être considérés comme faisant partie de l'organisation militaire : aumôniers, chapelains, interprètes, cantinières, blanchisseuses, élèves de l'Ecole polytechnique et de l'Ecole navale (2).

Cette règle était beaucoup moins précise et pouvait amener de nouvelles contestations. Un arrêt du Conseil d'Etat du 26 août 1865 (3) vint apporter un peu plus de précision en refusant le bénéfice de l'article 54 aux ouvriers immatriculés dans les manufactures d'armes parce qu'ils n'étaient assimilés aux militaires *par aucune disposition de loi ou de règlement.*

Dans ces conditions, un nouvel arrêté du Ministre des Travaux publics du 15 juin 1866 a réglé l'état du personnel des départements de la guerre et de la marine, admis à voyager au tarif réduit. En raison des changements apportés par les nouvelles lois sur l'organisation militaire, cet état a encore été modifié par un

auxquels s'appliquerait cette loi, et qui ne figure pas non plus dans l'énumération faite aux articles 55 et 56 du Code de Justice Militaire, soit soumis à la juridiction des Conseils de Guerre, il faut un décret *d'assimilation juridictionnelle.* Cette règle vise aussi les personnels non-officiers des armées de terre et de mer et le personnel officier de l'armée de mer. Par exemple, les décrets des 7 et 10 octobre 1902 ont donné aux fonctionnaires de l'Inscription maritime l'état d'Officier ; le décret d'assimilation juridictionnelle qui les concerne a été rendu le 26 mars 1903. Cette règle est formelle : elle a été sanctionnée par des arrêts de la Cour de cassation : 24 février 1860 (D. P., 60, 1, 197), 7 février 1862 (D.P., 62, 1, 232), 9 août 1873 (D. P., 74, 1, 276).

(1) Note sous D. P., 84, 3, 87.

(2) Carpentier, Répert. alphabét. du droit fr., *Chemins de fer,* § 4727.

(3) Note sous D. P., 84, 3, 87.

arrêté ministériel du 1er avril 1876. C'est dans le tableau A', annexé à cet arrêté, qu'on voit figurer, pour la première fois, le personnel des « Sous-Lieutenants, Lieutenants, Capitaines et Chasseurs forestiers ».

Les Compagnies soutinrent alors que l'assimilation ne pouvait leur être opposée qu'autant qu'elle résulterait *d'une loi ou d'un règlement d'administration publique*. Le Conseil de préfecture admit cette interprétation (3 mars 1880) (1). Dalloz la déclara conforme à celle de l'arrêt de 1865 du Conseil d'Etat. Or, les mots « d'administration publique » n'existaient pas dans cet arrêt. Dalloz reconnut plus tard son erreur (2). Le Conseil de préfecture donnait donc au mot « règlement » une portée très étroite qui excluait des tableaux du personnel de la marine certaines catégories de non-officiers qui, malgré qu'ils soient proclamés civils par les décrets d'organisation de leurs corps, sont assimilés, par de simples décrets, aux marins sous le rapport de la soumission à la juridiction des conseils de guerre. Le Ministre de la Marine décida de se pourvoir contre cet arrêté, et le Conseil d'Etat, par un arrêt du 19 juin 1883 (3), qui n'a jamais été modifié depuis lors, décida que l'article 54 était applicable *toutes les fois que l'assimilation résultait d'actes émanant de l'autorité à laquelle il appartient de l'établir d'après la législation en vigueur.*

« Considérant, dit-il, que la réduction de tarif accordée aux « marins par l'article 54 du cahier des charges ne doit pas s'ap- « pliquer seulement au personnel navigant de la marine, mais « à tous les agents qui ont été assimilés aux marins *par les Or-* « *donnances ou Décrets d'organisation...* »

Deux conclusions s'imposent donc, très nettes :

1) L'intervention du Conseil d'Etat et du Parlement sont abso-

(1) D. P., 81,3,12.
(2) Note sous D. P., 84,3,87.
(3) D. P., 84,3,87.

lument inutiles. Il suffit d'un acte spontané émanant du pouvoir exécutif, c'est-à-dire *d'un simple décret;*

2) Le Conseil d'Etat ne spécifie pas dansquelles conditions doivent être assimilés les militaires ou marins.

Le Ministre de la Marine appliquant cette deuxième conclusion est revenu à l'accord jadis établi entre l'Administration et les Compagnies, au sujet des décrets d'assimilation juridictionnelle. C'est ainsi qu'à la suite de *Décrets* qui soumettaient à la juridiction des conseils de guerre les jardiniers-botanistes de la Marine, les commis aux écritures du laboratoire central de la Marine, les maîtres principaux des arsenaux et conducteurs des travaux hydrauliques, le Ministre des Travaux Publics, par des circulaires parues en 1899 et que l'on trouvera dans Potiquet, notifia aux Compagnies de chemins de fer qu'il inscrivait ces divers personnels, composés en majeure partie de *non-officiers*, sur l'état du personnel dépendant du Ministère de la Marine et devant bénéficier en tout temps du quart de place. Aucune protestation ne s'est élevée à ce sujet de la part des Compagnies.

Cependant la Cour de cassation a eu à connaître du cas particulier du sieur Pichodo, dessinateur de la Marine. Les à-côtés de cette espèce nous montrent le mécanisme par lequel se confère exactement l'accession au bénéfice du quart de place.

Ce dessinateur avait été invité, en cours de route, par un agent de la Cie des chemins de fer d'intérêt local du Morbihan à verser le complément de sa place à 1/2 tarif obtenue sur présentation de la carte d'identité, qui lui avait été délivrée conformément aux Instructions ministérielles.

En effet, un décret du 15 janvier 1900 (1), portant organisation du personnel des dessinateurs de la Marine, renferme un article 9 ainsi conçu : « Le personnel des dessinateurs de la « Marine est soumis, au point de vue de la discipline et au point « de vue juridictionnel, aux lois et décrets qui régissent le per- « sonnel non-officier des Corps secondaires de la Marine. »

(1) *Journ. offic.*, 17 janvier, p. 356.

On remarquera que l'assimilation ici est double (1). Le même jour, parut un autre décret portant organisation du personnel des agents techniques des Directions de Travaux, qui, dans son article 9, dit que « le personnel des agents techniques des Directions « de Travaux, sauf les adjoints principaux de 1re et de 2e classe « qui ont rang d'officiers, est soumis, au point de vue de la discipline et au point de vue juridictionnel, aux lois et décrets « qui régissent le personnel « non-officier » des Corps secondaires de la Marine. »

Son article 3 prévoit que « les adjoints principaux de 1re et de « 2e classe sont nommés par décret. Ils ont rang d'officiers. « Les dispositions de la loi du 19 mai 1834 leur sont applicables. « Toutefois, ils ont une hiérarchie qui leur est propre et ne comporte aucune assimilation aux divers grades de l'armée navale ».

Ces deux actes sont de simples décrets. Deux circulaires, l'une du Ministre des Travaux publics du 11 août 1900 aux Compagnies de chemins de fer (2), et l'autre du Ministre de la Marine du 4 septembre 1900 aux vice-amiraux notifièrent l'inscription de ces deux catégories du personnel aux tableaux annexes de l'arrêté du 10 février 1899.

Aucune réclamation ne fut formulée par les Compagnies. Voilà donc deux nouveaux personnels comprenant des officiers et des non-officiers, admis au bénéfice du quart de place *par la simple notification aux Compagnies du décret qui les constitue.* Il est bon de dire que le Ministre s'appuyait, en ce qui concerne le personnel non-officier, sur la soumission de ce personnel à la juridiction des Conseils de guerre.

Or une erreur fut commise au Ministère de la Marine. Malgré qu'ils fussent tous formellement assimilés aux non-officiers, une

(1) Elle est uniquement *administrative :* c'est pour cette raison qu'un décret suffit. En effet, aucune obligation militaire nouvelle n'est imposée par ce décret ; il ne touche donc en rien aux obligations des lois sur le recrutement.

(2) Potiquet, 00, 203.

partie des dessinateurs furent inscrits dans la colonne de l'état C, intitulée : « Officiers depuis le grade de capitaine ou de lieutenant de vaisseau et assimilés » ; par dépêche du Ministre de la Marine du 23 octobre 1901, il fut prescrit de leur délivrer des cartes d'identité comme aux officiers (1). Malgré qu'il fût porteur d'une de ces cartes, le sieur Pichodo se vit dresser procès-verbal dans les conditions indiquées plus haut. Acquitté par le premier Conseil de guerre maritime permanent de Lorient, il vit son acquittement confirmé par la Cour de Cassation le 16 août 1906 (2).

La seule question qui puisse donc se poser est celle de savoir si un personnel de fonctionnaires peut vraiment accéder à l'état d'officiers, sans que le décret qui les investit du bénéfice de cet état ait été prévu par une loi et même sans qu'il ait été rendu sous forme de règlement d'administration publique. Pour l'affirmative, on remarquera que la condition nécessaire et suffisante pour obtenir l'état d'officier est la même que celle qui peut être exigée en vue de l'admission au tarif réduit, et peut alors se confondre avec elle. En même temps, nous serons définitivement fixés sur la valeur du mot « militaires » en tant qu'il peut s'appliquer à un personnel de fonctionnaires supérieurs non compris parmi les officiers énumérés aux articles 23 et 26 de la loi du 19 mai 1834.

La réponse à ces dernières questions nous est donnée par un arrêt du Conseil d'Etat du 4 mai 1906 (3), qui s'est formellement prononcé au sujet des fonctionnaires de diverses catégories du corps de l'Inscription maritime, créé par deux décrets des 7 et 10 octobre 1902. Ces deux décrets ont fait application des dispositions de la loi du 19 mai 1834, d'une part aux Administrateurs et de l'autre aux agents et commis de ce corps.

Approuvant les conclusions de M. le Commissaire du Gouverne-

(1) Seuls, les dessinateurs-adjoints furent portés dans la 3e colonne intitulée : « Employés militaires, officiers mariniers, sous-officiers, marins, soldats et agents assimilés. »

(2) S., 07,1,469.

(3) D. P., 08, 3, 7; S., 08,3,110.

ment Romieu (1), le Conseil d'Etat a décidé, le 4 mai 1906, « qu'*en* « *l'absence de toute disposition législative contraire* (2) le « Gouvernement a pu, par le Décret du 10 octobre 1902, étendre à « ce personnel, au point de vue disciplinaire, le bénéfice de la loi « du 19 mai 1834 ».

Or le Ministre des Travaux Publics n'avait pas attendu que le Conseil d'Etat vînt à se prononcer sur la validité du décret qui admettait aux bénéfices de la loi de 1834 les fonctionnaires du corps de l'Inscription maritime, pour mettre en demeure les Compagnies de chemins de fer de leur accorder le tarif réduit de l'article 54, pas plus qu'il n'avait hésité à le faire accorder aux adjoints principaux de 1er et de 2e classe, investis de l'état d'officiers par le décret du 15 janvier 1900.

Dès le 29 novembre 1902, il adressait aux Administrateurs des Compagnies la circulaire suivante :

« Un décret du 7 octobre a organisé, sous la dénomination d'« Administrateurs de l'Inscription maritime », un corps de fonctionnaires chargés de l'administration des quartiers d'inscription « maritime.

« Aux termes de l'article 1er du décret précité, ces fonctionnaires bénéficient de la loi du 19 mai 1834 sur l'état des officiers. D'autre part, un décret du 10 octobre a organisé, pour « l'exécution du service relevant des Administrateurs de l'Inscription maritime, un personnel d'agents et de commis. Ceux-ci « forment une catégorie nouvelle du personnel administratif de « gestion et d'exécution des services de la Marine qui a droit au « transport au prix réduit sur les chemins de fer.

« En conséquence, je ferai figurer le personnel des agents ci- « dessus désignés sur l'état C annexé au projet d'arrêté qui doit « remplacer celui du 10 février 1899 concernant l'application aux

(1) Le rapport *in extenso* est dans D. P., 08,3,7, et dans S., 08,3,110.

(2) Il s'agissait, en l'espèce, de la création d'un nouveau corps de fonctionnaires. La situation est un peu différente, comme nous le verrons, pour le corps forestier, puisqu'il existe à son égard certaines dispositions législatives.

« militaires et marins du tarif réduit par le cahier des charges. ».

Une 2e circulaire, du 28 février suivant, aux mêmes Compagnies, énonce :

« Je vous ai avisé, le 29 novembre 1902, que je ferais figurer à « l'état C, annexé au projet d'arrêté qui doit remplacer celui du « 10 février 1899, concernant l'application aux militaires et marins « du tarif réduit prévu par les cahiers des charges, les « Administrateurs de l'Inscription maritime » ainsi que « le personnel « d'agents et de commis de l'Administration de l'Inscription « maritime ».

« Les Administrateurs de l'Inscription maritime créés par décret « du 7 octobre 1902 bénéficient, en vertu de l'article 1er de ce « décret, de la loi du 19 mai 1834 sur l'état des officiers.

« Quant aux « agents et commis de l'Inscription maritime », « organisés par décret du 10 du même mois, ils forment une caté- « gorie nouvelle du personnel administratif de gestion et exécution « des services de la marine qui a droit au transport à prix réduit sur « les chemins de fer. M. le Ministre de la Marine désirerait vive- « ment que, sans attendre la mise en vigueur de l'arrêté en pré- « paration, les nouveaux fonctionnaires et agents jouissent, dès « maintenant, du tarif militaire. »

Donc un décret conférant l'état d'officier confère bien en même temps aussi le droit au quart de place, et, dans le personnel supérieur, les « militaires » sont alors tous ceux qui jouissent, avec ou sans correspondance de grade, des bénéfices de la loi du 19 mai 1834. Mais cette définition est-elle limitative? Autrement dit, un corps de fonctionnaires supérieurs ne pourrait-il accéder au bénéfice de l'article 54 en recevant par décret, comme nous l'avons vu faire pour les fonctionnaires subalternes, une assimilation avec les officiers, par exemple au simple point de vue juridictionnel? Cela est impossible, car la législation militaire a catalogué les officiers en trois catégories *limitatives:* officiers proprement dits, c'est-à-dire ceux qui sont placés sous le régime de la loi de 1834, officiers de complément qui sont, eux, placés sous le régime du décret du 31 août 1878, agents des services spéciaux (Trésorerie et Postes, Télégraphie militaire, Chemins de fer de campagne) qui, à l'encontre des deux premières catégories, n'ont pas la propriété du grade. L'arrêté du Conseil de préfecture du 3 mars 1880 (pr.) a classé à l'état B ces deux dernières catégories : ces officiers ne jouissent que par exception, et dans certaines circonstances bien définies, du tarif réduit. Seuls peuvent l'obtenir en tout temps les Officiers de la première catégorie. Dès lors, pour pouvoir accéder au bénéfice du quart de place en qualité d'assimilés à ces officiers, il faut être rangé parmi eux, c'est-à-dire être placé sous le régime de la loi de 1834, puisque c'est de l'admission aux bénéfices de cette loi que se déduit la définition de l'officier. Sinon, on descend dans la catégorie « non-officiers », ce qui serait pour un personnel de fonctionnaires supérieurs une déchéance inadmissible.

La condition nécessaire et suffisante est donc bien l'obtention de l'état d'officier, qui, nous l'avons vu, peut être parfois concédé par un simple décret rendu sur l'initiative du Ministre dont dépend le personnel bénéficiaire.

Voilà donc le décret ou la loi conférant l'état d'officier, qui a reçu la publicité exigée. Dès lors, le rôle de chacun des Ministres qui ont pour mission d'intervenir auprès des Compagnies de chemins de fer en vue de faire reconnaître au personnel visé par ce décret ou cette loi, le bénéfice du tarif réduit sur les voies ferrées est nettement défini. « Le Ministre des Travaux publics, nous dit « M. le Commissaire du Gouvernement Teissier, dans son rapport « précité, seul a compétence pour surveiller et réglementer l'exer- « cice d'un bénéfice du tarif consenti en faveur des officiers par « le cahier des charges annexé à une convention passée par lui. » Il notifie donc, comme nous l'avons montré par des exemples, aux Administrateurs des Compagnies de chemins de fer, sa décision d'inscrire le personnel en question à l'un des tableaux annexés à l'arrêté ministériel réglementant les transports des départements de la Guerre, de la Marine et des Colonies. D'autre part, « c'est le service de l'armée, c'est-à-dire le département « de la Guerre (1), qui est le bénéficiaire de la disposition de l'ar- « ticle 54. Dès lors, bien que le traité dans lequel elle figure ait été « passé au nom de l'Etat par le Ministre des Travaux Publics, le « Ministre de la Guerre, chef du service bénéficiaire, a qualité pour « se prévaloir de la clause en question et pour imposer aux Com- « pagnies de chemins de fer, même par voie d'actions judiciaires « devant le juge du contrat, tels ou tels transports à tarif réduit « qu'il estime être au nombre de ceux prévus par cette clause. » « (Conseil d'Etat, 5 mars 1880) (pr.). *Mais lui seul a qualité « pour le faire* ».

Le dernier arrêté du Ministre des Travaux Publics, qui règle la nomenclature des fonctionnaires de toute importance ayant droit au quart de place, est celui du 9 mai 1903, pris en exécution d'un décret du 4 juin 1902. (Voir Annexe.)

Plusieurs tableaux y sont annexés :

A. — *Personnel ressortissant au département de la Guerre qui doit être admis en tout temps au bénéfice de la réduction de prix stipulée par les cahiers des charges des Compagnies de chemins de fer.*

Nous y trouvons les ingénieurs des poudres et salpêtres, officiers sans assimilation.

B. — *Personnel ressortissant au Ministère de la Guerre qui doit être admis dans certaines cironstances déterminées au bénéfice etc.*

Dans ce tableau, figure le corps des chasseurs forestiers avec tous leurs officiers, y compris les lieutenants-colonels et les chefs de bataillon. Les officiers supérieurs des Forêts ne figurent sur les tableaux annexés aux arrêtés « d'application aux militaires et

(1) Dans l'espèce considérée; pour d'autres personnels, ce peut être le Ministre de la Marine (tableau C), ou celui des Colonies (tableau D). Dans notre cas, seul le Ministre de la Guerre, sur la demande du Ministre de l'Agriculture, a qualité pour intervenir officiellement.

« marins du tarif réduit sur les voies ferrées » que depuis la circulaire du 10 nov. 1896.

Quant aux officiers supérieurs des Douanes, seuls les « chefs de bataillon commandant un bataillon » sont inscrits.

C. — *Personnel ressortissant au Ministère de la Marine qui doit être admis etc* (comme au tableau A).

Les Administrateurs, commis et agents de l'inscription maritime, les dessinateurs, etc. y figurent.

D. — *Personnel ressortissant au Ministère des Colonies qui doit être admis etc* (comme au tableau A).

Ce tableau a figuré pour la première fois à l'arrêté du 2 juin 1894 qui a été pris à la suite de la création du Ministère des Colonies par la loi du 20 mars 1894.

Il comprenait alors le commissariat colonial, corps d'officiers créé par le décret du 5 octobre 1889 (1) et qui a été, par la loi du 14 avril 1906, transformé en Intendance coloniale relevant du Ministère de la Guerre. Elle est par suite portée actuellement au tableau A.

D'autres corps figuraient au tableau D et y figurent encore, mais sont marqués comme étant en voie d'extinction : quelques agents du commissariat colonial, le corps militaire des gardes auxiliaires de l'artillerie coloniale, les comptables des matières aux colonies.

Bientôt il ne restera plus que deux corps :

1) *L'Inspection des Colonies.* — Les Inspecteurs Généraux et les Inspecteurs des Colonies étaient déjà inscrits, en 1894, au tableau D, mais avec la mention limitative suivante : « Ont seuls « droit, en raison de leur grade militaire, au bénéfice de la « réduction du prix des places les Inspecteurs Généraux et Ins- « pecteurs des Colonies provenant, à la formation du corps de

(1) Ce décret a été rendu sur la seule proposition du Ministre du Commerce ; le département des Colonies était alors rattaché au Ministère du Commerce. *Un corps d'Officiers avec assimilation a donc pu relever exclusivement d'un Ministère civil.*

« l'Inspection, des services administratifs et financiers de la Marine « et des Colonies. » En effet, avant la loi de finances du 25 février 1901 qui, par son article 54, a donné à tous les fonctionnaires de l'Inspection des Colonies l'état d'officiers, ce corps était un corps civil, organisé par les décrets des 25 et 26 nov. 1887. Or, ces décrets stipulaient que les officiers entrés dans ce corps civil conservaient leur état d'officiers (art. 21 du décret du 25 nov. 1887) (en vertu de la propriété du grade, base de la loi de 1834) et par suite, leur réservaient expressément leurs droits au quart de place (art. 6 § 2 du décret du 26 nov. 1887) et au traitement de la Légion d'Honneur (art. 21 § 2 du décret du 25 nov. 1887).

2) *Le corps des surveillants militaires des établissements pénitentiaires* aux Colonies qui comprend un personnel d'assimilés ayant à un seul grade l'état d'officier, le reste du personnel étant considéré comme non-officiers.

CONCLUSIONS

1) L'état d'officier qui « *en l'absence de toute disposition législative contraire* » peut être donné, même avec correspondance de grade (commissariat colonial), par simple décret, confère « ipso facto » et « seul » peut conférer à un personnel supérieur le bénéfice du quart de place.

2) Pour le personnel subalterne dit non-officier, un simple décret d'assimilation aux militaires ou marins ou à un corps organisé faisant partie des armées de terre ou de mer peut lui octroyer le même bénéfice, si ce décret ne viole aucune disposition législative.

A défaut d'un texte d'assimilation juridictionnelle, qui confère la qualité de « militaires » grâce au texte même des lois sous le régime desquelles il place ce personnel, l'affirmation faite par une loi que le personnel en question fait partie (et on peut ajouter au même titre que tel corps organisé, la gendarmerie, par exemple) des forces permanentes des armées de terre ou de mer doit suffire pour lui donner le bénéfice du quart de place. Dans ce cas, l'assimilation, pour ce personnel subalterne, le classe parmi les personnels « non officiers », qui sont à proprement parler et sans discussion possible « des militaires ou marins ». *Aucune correspondance de grade n'est à exiger par les Compagnies,* pas plus qu'on ne l'exige du personnel des officiers assimilés qui sont admis au bénéfice du tarif réduit par la simple déclaration (décret ou loi) de leur jouissance des dispositions de la loi de 1834 communes à tous ceux qu'on dénomme officiers.

APPLICATION DE CES RÈGLES AU PERSONNEL FORESTIER

1) Elèves de l'Ecole nationale des Eaux et Forêts.

Nous avons vu qu'un arrêté du Conseil de Préfecture du 8 mars 1864 avait admis les élèves de l'Ecole polytechnique au bénéfice en tout temps du tarif réduit. Ils figurent, à ce titre, au tableau A, dans la 2e colonne : « Officiers depuis le grade de capitaine et employés militaires assimilés. » Or l'article 28 de la loi du 15 juillet 1889 plaçait les élèves de l'Ecole forestière dans la même situation que ceux de l'Ecole polytechnique. « Ils (1) « sont considérés, disait cet article 28, comme présents sous les « drapeaux dans l'armée active pendant tout le temps passé par « eux dans lesdites écoles. » Les élèves de l'Ecole forestière avaient donc droit, dès cette époque, au bénéfice permanent du tarif réduit. Une autre preuve en est fournie par la circulaire du Ministre de la guerre du 7 juillet 1900, qui les oblige à demander, pour contracter mariage, la permission de l'autorité militaire. Cette circulaire est encore en vigueur (2) sous l'empire de la nou-

(1) Les élèves de l'Ecole polytechnique et les élèves de l'Ecole forestière.

(2) *Condition civile et politique des militaires*, Lib. Lavauzelle, p. 113 (édition mise à jour des textes en vigueur jusqu'au 1er janvier 1910).

velle loi du 21 mars 1905 dont l'article 23 ne modifie les dispositions de la loi de 1889 que sous le rapport de la durée de l'engagement. D'ailleurs, l'acte d'engagement qu'ils souscrivent leur est commun avec les élèves de l'Ecole polytechnique (mod. n° 3, art. 17 du décret du 27 juin 1905). Enfin, ils sont, comme eux, soumis au port d'un uniforme militaire et tenus de saluer les officiers (arrêtés ministériels du 10 octobre 1893 et du 16 mars 1897).

Ils ont donc encore droit, au même titre que ces derniers, au bénéfice permanent du quart de place.

D'ailleurs, l'objection qui consisterait à prétendre que l'Ecole forestière n'est qu'une école civile serait sans valeur. En effet, l'état A porte, sous l'énumération des écoles militaires, la mention : « Elèves militaires des Ecoles vétérinaires. » Aux termes des décrets des 18 février 1871 et 30 août 1876, ces élèves étaient tenus, à leur vingtième année, de contracter un engagement volontaire pour un corps de cavalerie. Ce système de recrutement a été modifié par le décret du 30 mai 1896 (1). Il n'en reste pas moins que des engagés volontaires placés dans une école civile ont pu obtenir, pendant la durée de leurs études, le bénéfice du quart de place en tout temps par leur inscription au tableau A (2).

Il y aurait donc lieu de demander la même inscription au Ministre des Travaux Publics en faveur des élèves de l'Ecole forestière, tout au moins de ceux qui ont contracté l'engagement volontaire prévu par le § 3 de l'art. 23 de la loi du 21 mars 1905.

(1) Voir Rabany, le Recrutement de l'armée. Commentaire de la loi du 21 mars 1905, page 361 (sous l'article 26 de la loi de 1905)-1906.

(2) Ils sont inscrits au tableau A depuis la circulaire du Ministre des Travaux Publics du 7 février 1895 aux Compagnies de chemins de fer (Potiquet, t. VIII, p. 10). Elle contient une disposition intéressante : « J'ai l'honneur, dit le Ministre, de vous informer que les élèves des écoles vétérinaires seront munis, en vue de leurs transports sur les voies ferrées, d'autorisations signées par le Directeur de l'Ecole et visées par le Général commandant la subdivision. » — Cette mesure pourrait être adoptée pour les déplacements des Elèves de l'Ecole forestière. — Il ne faut pas oublier que le bénéfice du tarif réduit a une grande importance à l'Ecole, puisque les Elèves effectuent *à leurs frais* des voyages coûteux dans toute la France et que l'Administration de l'Ecole leur remet à la sortie le reliquat des sommes qu'ils ont versées.

2) Agents et préposés forestiers.

Les élèves de l'Ecole forestière apparaissent comme des militaires mis à la disposition d'un Ministère civil. Au contraire, les agents et préposés forestiers sont des fonctionnaires relevant d'un ministère civil et mis, en tout temps, à la disposition du Ministère de la Guerre.

L'état des préposés est de tous points illégal. En effet, le décret du 18 novembre 1890 les maintient à la disposition de l'autorité militaire jusqu'à leur retraite. Ce décret viole donc formellement l'art. 37 de la loi du 15 juillet 1889 modifié par la loi du 19 juillet 1892, en assujettissant un personnel « non-militaire » au point de vue légal à un service militaire d'une durée supérieure à celle qui est prévue par cet article.

L'état des agents n'est pas moins illégal : d'abord, le décret du 18 novembre 1890 a modifié par son article 5 le règlement d'administration publique du 20 mars 1876 rendu en exécution de l'article 36 § 3 de la loi du 24 juillet 1873. Il est donc illégal comme forme, selon la jurisprudence constante du Conseil d'Etat. (L'arrêt du 6 janvier 1888 (1) fournit un exemple frappant de cette jurisprudence.) De plus, en édictant à l'égard des agents, à qui son article 14 § 2 donne l'état des officiers de complément, des obligations plus étendues que celles auxquelles sont soumis ces mêmes officiers de complément, il viole formellement les dispositions législatives qui ont réglé les conditions du service des officiers de réserve et de l'armée territoriale.

Un fait est bien acquis, sans aucune discussion possible : tous les agents dont l'entrée à l'Ecole forestière a eu lieu depuis

(1) D. P., 89, 3, 37. « Le décret du 21 mars 1886, dit le sommaire de cet arrêt, ayant été rendu sans avis du Conseil d'Etat.... n'a pu modifier le règlement d'administration publique du 20 mars 1876, rendu en vertu de l'article 36 de la loi du 24 juillet 1873. » (Espèce Salle, ingénieur de 1re classe des Ponts et Chaussées.) *Ce cas est absolument identique au nôtre.* La même conclusion s'impose donc.

1889 possèdent l'état d'officiers de complément, puisque l'article 28 de la loi du 15 juillet 1889 a édicté qu'ils devaient effectuer, à leur sortie de l'école, un stage militaire d'un an au titre de sous-lieutenant de réserve et que l'art. 23 de la loi du 21 mars 1905 maintient cette disposition.

C'est pourquoi, faute d'un texte leur conférant, après le stage, l'état d'officiers, comme aux ingénieurs des poudres et salpêtres ils ne peuvent prétendre à leur inscription au tableau A; *en leur qualité d'officiers de complément, qualité qu'ils ne perdent que par une des causes limitatives énumérées à l'article 1 du décret du 31 août 1878 calqué sur l'article 1 de la loi du 19 mai 1834*, ils doivent demeurer inscrits au tableau B, malgré qu'ils soient soumis à des obligations d'une plus longue durée que celles des officiers de complément, et que des circulaires récentes, qui ne peuvent avoir de valeur en dehors de leur corps, les obligent, comme les officiers de gendarmerie, à veiller d'une façon continue à l'instruction militaire de leurs préposés, et, par suite, les soumettent à un service militaire permanent. Remarquons d'ailleurs que cette obligation supplémentaire ne viole aucun texte de loi et, par suite, ne rendrait pas à elle seule illégal l'état des agents forestiers, puisque le nombre et la durée des périodes auxquelles sont soumis les officiers de complément ne sont réglés que par des circulaires ministérielles (Conseil d'Etat, 5 mai 1911).

Ces agents forestiers ne peuvent donc prétendre actuellement à l'obtention, en tout temps, du tarif réduit. Il leur serait objecté, s'ils émettaient cette prétention, leur état d'officiers de complément qu'ils possèdent en vertu d'une disposition légale maintenue dans l'art. 23 de la loi du 21 mars 1905.

Quant aux agents sortis du rang, leurs nominations aux grades d'officiers de complément sont illégales comme prononcées en vertu d'un décret illégal.

Quelle serait la forme de ce texte modificatif? Evidemment une loi, semblable à celle qui est intervenue en faveur des ingénieurs des Poudres et Salpêtres, ou un article de loi de finances pourrait nous accorder satisfaction. Mais un *simple décret*, sans qu'il soit nécessaire de lui donner la forme d'un règlement d'administration public (voir *suprà*), nous conférerait tout aussi bien l'état d'officiers et, du même coup, le droit au quart de place, à condition toutefois que ce décret ait été prévu par une loi d'organisation générale, puisqu'il s'agit de modifier une « disposition législative contraire » (arrêt précité du Conseil d'Etat du 4 mai 1906) contenue dans les lois sur le recrutement de 1889 et de 1905 et nous conférant l'état d'officiers de complément.

Les Ministres de la Guerre et des Travaux Publics ont étendu la portée de la mention inscrite au tableau B à l'égard du corps des chasseurs forestiers et ainsi conçue : « En cas de mobilisation, « d'appel à l'activité, de convocation pour manœuvres, exercices ou revues. » Les chasseurs forestiers ressortissant au département de la guerre dans ces différents cas, le titre du tableau B l'indique, il semblerait donc que seule une convocation émanant du Ministre de la Guerre ou de son délégué puisse les faire jouir du tarif réduit. L'arrêté du Ministre des Travaux Publics du 1er avril 1876 (1) a décidé que ces convocations pouvaient émaner de l'autorité administrative. Les compagnies de chemins de fer ont accepté cette interprétation, certainement très large.

De même pour les préposés : malgré que les instructions auxquelles ils sont soumis les obligent à collaborer, en tout temps, avec l'autorité militaire, ils ne peuvent obtenir le bénéfice permanent du quart de place, tant qu'une disposition législative, et elle est nécessaire si on maintient l'organisation actuelle qui viole la loi sur le recrutement, ne sera pas venue déclarer que, comme la Gendarmerie, ils font partie intégrante des forces permanentes du Pays.

Ce texte aurait l'avantage de ne pas les soumettre, en temps de paix, à la juridiction des Conseils de Guerre. Nous estimons même qu'un décret d'assimilation aux militaires de la gendarmerie, au simple point de vue du transport sur les voies ferrées, leur conférerait le droit en tout temps au tarif réduit.

(1) Circulaire nouv. de l'Administration des Eaux et Forêts, n° 254.

Ce sont ces considérations qui ont dû arrêter l'action collective des départements de la Guerre, des Finances, de l'Agriculture et des Travaux Publics en vue de faire obtenir par la voie contentieuse le bénéfice du quart de place aux services des Forêts et des Douanes, action collective dont nous trouvons la preuve dans le document officiel dont nous reproduisons ci-après le texte intégral :

Circulaire du Ministre des Travaux publics aux administrateurs des Compagnies de chemins de fer (chemins de fer, 3e division, 2e bureau) (1).

Paris, le 12 juin 1897.

Application du tarif militaire au transport des douaniers et des chasseurs forestiers.

« Messieurs, depuis longtemps déjà le Gouvernement poursuit « l'application, aux douaniers et aux forestiers, du tarif réduit « fixé par l'article 54 du cahier des charges des Compagnies de « chemins de fer.

« Il s'était efforcé, jusqu'ici, de réaliser cette mesure par voie « d'entente avec les Compagnies, et mon administration peut se « rendre cette justice de n'avoir négligé aucun moyen d'arriver à « ce résultat. Mais, en présence du refus persistant des Compa- « gnies de seconder à cet égard les vues du Gouvernement, celui- « ci se trouve dans la nécessité de procéder par voie d'injonction, « estimant que les douaniers et les forestiers ont formellement « droit au bénéfice du quart de place, en vertu de l'article précité « du cahier des charges.

« Pour leur contester ce droit, les Compagnies excipent, notam- « ment, de ce que les douaniers et forestiers n'ont pas, en dehors « des exercices, revues ou autres convocations émanant de l'au- « torité militaire, la qualité voulue pour être assimilés aux hom-

(1) Extrait de Potiquet, 2e s., t. IX, p. 113. Les changements de caractères n'existent pas la dans circulaire.

« mes de troupes spécifiés dans cet article (1), en d'autres termes, « qu'ils ne relèvent du ministre de la guerre qu'en cas de mobili- « sation. Or elles ne sont pas en situation de formuler une sem- « blable appréciation en toute connaissance de cause et moins « encore de lui donner le caractère d'un principe immuable. Elles « ignorent en effet, et doivent même ignorer qu'il s'est établi « progressivement depuis 1875, époque à laquelle remontent les « premiers décrets constitutifs des corps militaires des douaniers « et des forestiers, *une situation de fait qui a complètement* « *modifié le caractère des obligations* (2) *auxquelles sont sou-* « *mis ces agents.*

« Je ne saurais entrer ici, sur le rôle militaire et politique que « peuvent jouer les douaniers et forestiers dès le temps de paix, « dans des détails incompatibles avec le secret des dispositions « concertées entre les ministères des finances et de l'agriculture, « d'une part, et l'état-major général de l'armée, d'autre part ; *je* « *me bornerai à faire remarquer, avec M. le ministre de la* « *guerre, que le personnel des douanes est organisé, dès le* « *temps de paix, en corps de troupe spéciaux et permanents* « *formant des bataillons, compagnies et sections.* Leurs « cadres portent en tout temps les mêmes insignes de grade que « les cadres correspondants de l'armée active et leur sont entière- « ment assimilés.

« Contrairement à ce qui existe pour les corps territoriaux et « pour les unités formées par certains services militaires, telles que « les sections de télégraphie et de chemins de fer, *les douaniers* « *ont, dès le temps de paix, au point de vue militaire, une exis-* « *tence effective et un rôle actif en vue desquels le ministre de*

(1) Il s'agit donc d'obtenir dans le statut forestier la reconnaissance officielle de cette qualité de *militaires* que le Ministre des Travaux Publics, sur les indications du Ministère de la Guerre, reconnaît formellement aux forestiers par cette circulaire, et en particulier, pour nous Agents, de nous la voir conférer par l'obtention des bénéfices de la loi du 19 mai 1834. Il n'y a, en effet, que l'application des dispositions de cette loi qui puisse conférer à un personnel de fonctionnaires supérieurs la qualité d'Officiers et, par suite, celle de *militaires*. (Voir p. 14.)

(2) L'obtention de l'état d'officier apparaît donc bien comme la *contre-partie* de ces obligations et ne peut, par suite, donner lieu à de nouvelles obligations militaires.

« *la guerre a des ordres à leur transmettre.* C'est ainsi que, « sur les frontières, ils coopèrent aux reconnaissances des sous- « officiers-guides des troupes actives de la région ; ils constituent « une première ligne de surveillance et même de résistance et ont, « à cet effet, à entretenir et, éventuellement, à employer le réseau « téléphonique et télégraphique organisé par l'administration de « la guerre. Ils forment, en quelque sorte, les avant-postes per- « manents de nos garnisons de première ligne.

« *C'est en vue de ce service spécial que les troupes de doua- « niers sont, en tout temps, soumises à des obligations mili- « taires plus lourdes que celles auxquelles sont astreints les « corps territoriaux,* tels que stages d'instruction annuels « d'un mois pour un certain nombre d'officiers, tirs à la cible « réguliers pour la troupe, participation aux grandes manœuvres « sur les frontières et les côtes.

« Cette militarisation des douaniers est tellement réelle qu'il a « paru juste, en compensation des obligations qui leur ont été « imposées en temps de paix, de leur accorder certaines faveurs « telles que l'admission dans les hôpitaux militaires, l'allocation « de pensions de retraite au taux fixé pour la gendarmerie, l'é- « change des marques extérieures de respect et des honneurs « militaires entre agents des douanes et militaires de l'armée, la « concession de décorations de la médaille militaire et de la Légion « d'honneur, enfin l'attribution d'un drapeau. Il est non moins « équitable, dans le même ordre d'idées, de les faire bénéficier « du quart de place, à l'instar des militaires de l'armée active.

« **Les considérations qui précèdent s'appliquent égale- « ment aux chasseurs forestiers qui entrent de la même « manière dans la composition des forces militaires du « pays et ont, en temps de paix comme en temps de guerre, « des obligatious analogues.**

« Dans ces conditions, et *d'accord avec MM. les ministres de « la guerre, des finances et de l'agriculture,* je vous invite à « prendre les mesures nécessaires pour que les douaniers et les « forestiers soient admis à bénéficier des dispositions de l'article « 54 du cahier des charges des concessions de chemins de fer.

« Vous aurez à compléter dans ce sens l'état A annexé à l'arrêté

« du 2 juin 1894 (1), réglant l'application du tarif réduit aux « militaires et marins. Le corps militaire des douanes et le corps « des chasseurs forestiers ne figureront plus, par suite, à l'état B.

« Je vous prie de m'accuser réception de la présente décision.

Le Ministre des Travaux publics,
TURREL.

Une seconde circulaire du 10 septembre 1897 (2) aux mêmes administrateurs est ainsi conçue :

« Les Compagnies m'ont fait savoir qu'elles ne pourraient que « saisir les tribunaux administratifs de la question d'interpréta- « tion de l'article 54, soulevée par mes injonctions, si elles n'é- « prouvaient à entrer dans la voie contentieuse certaines hésita- « tions qui les déterminent à proposer une solution transaction- « nelle. Moyennant le retrait de l'invitation à elles adressée le « 12 juin, elles consentiraient la faculté de circuler à demi-tarif « aux fonctionnaires et agents du service actif des Douanes et des « Forêts pour lesquels des demandes leur parviendraient par l'in- « termédiaire des Directeurs des Douanes et des Conservateurs « des Forêts.

« J'ai l'honneur de vous informer, d'accord avec M. le Prési- « dent du Conseil, Ministre de l'Agriculture, et avec M. le Minis- « tre des Finances, que, les plus expresses réserves étant faites « sur le point de droit, j'accepte la solution proposée par les « Compagnies.

« Vous pouvez donc considérer l'injonction du 12 juin comme « retirée, sous la condition de la réalisation immédiate de l'enga- « gement ci-dessus rappelé. »

Ce qu'il faut donc bien souligner, c'est l'unanimité avec laquelle les départements intéressés, y compris celui de la Guerre, ont reconnu la valeur des obligations militaires spéciales et permanentes des Forestiers. Il n'est certainement pas douteux, dans ces

(1) Potiquet, 2e série, tome VII, page 188.
(2) *Id.*, 2e s., tome IX, p. 197.

conditions, qu'ils prêteraient encore leur appui à une demande qui serait faite en vue d'obtenir la reconnaissance officielle des services militaires permanents que rendent les Forestiers par des textes conformes à la jurisprudence du Conseil d'Etat.

Le Ministre des Travaux publics saisi de ces textes n'aurait plus alors qu'à notifier aux Compagnies l'inscription, absolument légale cette fois, des officiers et des préposés au tableau A et leur radiation du tableau B.

Les agents recevraient les cartes d'identité prévues par l'article 4 de l'arrêté du 9 mai 1903 en faveur du personnel inscrit dans les 2 premières colonnes des tableaux A, C et D annexés à cet arrêté.

Enfin le même arrêté prévoyant des dispositions spéciales en vue de faciliter les déplacements des gendarmes dans l'étendue de leur circonscription, il serait désirable que le bénéfice de ces dispositions fût étendu en même temps aux préposés qui certainement en apprécieraient le bienfait.

ANNEXE

Arrêté du 9 mai 1903 du Ministre des Travaux Publics réglementant les transports à prix réduits de la Guerre, de la Marine et des Colonies (1).

Le Ministre des Travaux Publics..., d'accord avec les Ministres de la Guerre, de la Marine et des Colonies, les Compagnies de Chemins de fer entendues,

Arrête :

TITRE I

Militaires ou Marins voyageant isolément

Article premier. — Sera transporté au prix réduit fixé par le

(1) Seules les dispositions qui peuvent nous intéresser ont été reproduites.

cahier des charges le personnel qui figure aux états A, B, C et D annexés au présent arrêté.

Art. 2. — Tout militaire ou marin, pour obtenir son transport audit tarif sur les chemins de fer, doit présenter une feuille de route.

Art. 4. — Des cartes d'identité destinées à remplacer les feuilles de route ou les titres qui les suppléent peuvent être délivrées par les Compagnies de chemins de fer pour le service de la Guerre, de la Marine et des Colonies aux officiers ainsi qu'aux fonctionnaires et employés militaires de la Marine traités comme officiers qui figurent aux Etats A, C et D annexés au présent arrêté, à l'exception des officiers supérieurs ou subalternes, fonctionnaires et employés militaires ou de la Marine traités comme officiers en non-activité, des officiers placés hors cadres pour servir auprès des Compagnies maritimes ou industrielles et de ceux appartenant à la réserve.

Art. 5. — Par exception aux dispositions des art. 2 et 3, les sous-officiers et commandants de brigade de gendarmerie, appelés à voyager sur le chemin de fer pour affaires de service, seront admis à bénéficier de la réduction consentie par le cahier des charges sur leur déclaration écrite qu'ils voyagent pour cause de service.

Poitiers. — Imprimerie Blais et Roy, 7, rue Victor-Hugo.

www.ingramcontent.com/pod-product-compliance
Ingram Content Group UK Ltd.
Pitfield, Milton Keynes, MK11 3LW, UK
UKHW020530230726
13925UKWH00005B/2263